Bienvenido al Mundo de Marie!
Ahora Ella es una Hermana Grande

Escrito por CYNTHIA F. JACKSON

Jackson Joy, LLC
Grayson, Georgia

Bienvenido al mundo de Marie: ahora es una hermana mayor
Texto Copyright © 2017 por Jackson Joy, LLC
Ilustraciones Copyright © 2017 de Jackson Joy, LLC

Todos los derechos reservados. Ninguna parte de este libro puede ser utilizada o reproducida de ninguna manera sin un permiso por escrito. Dirección ara información: Jackson Joy, LLC
P.O. Box 922, Grayson, Georgia 30017
www.jacksonjoy.org

ISBN 978-0-692-07028-4

Información de contacto del autor:
info@jacksonjoy.org
www.jacksonjoy.org
Instagram @jacksonjoyinspirations
Facebook @jacksonjoyinspirations

Este libro está dedicado a mis maravillosos hijos, Peyton y MJ, gracias por inspirarme. Oro para que tu vínculo amoroso de hermanos continúe creciendo y se haga cada día más fuerte. A mi esposo, Marcus, gracias por tu amor y apoyo incondicional y por bendecirme con una familia tan maravillosa.

— Cynthia

Marie saltó por el pasillo y rápidamente se asomó a la habitación de Mark. Su corazón se llenó de felicidad mientras que, con alegría en sus ojos, miraba a su hermanito.

Sonriendo de oreja a oreja, Marie caminó de puntillas hacia la cuna de Mark porque no quería despertarlo. Ella pensó que él era tan pequeño, lindo y tierno, y no podía esperar para abrazarlo.

Cuando Mark finalmente se despertó, él era el bebé más feliz del mundo. Él sonreía todo el tiempo. A pesar de que solo era un bebé recién nacido, para Marie él ya era muy especial.

Marie estaba súper emocionada de ser una hermana mayor. Ella quería ayudar a Mamá y a Papá con diferentes tareas domésticas durante la semana. El domingo, ella recogió la ropa de Mark que necesitaba ser lavada, y asistió a Papá en el lavadero. Le entregó los pañuelos, calcetines y baberos de Mark uno por uno a Papá.

El lunes, María se despertó temprano y se apresuró a vestirse. Ella corrió a la cocina. *"¡Mami, quiero ayudar a alimentar a Mark con su desayuno!"* ella dijo con entusiasmo.

Mientras Marie alimentaba a Mark con harina de avena, el rostro de Mark se llenó de comida e hizo un gran desastre. Marie se empezó a reír y rápidamente agarró una servilleta para limpiarle suavemente la cara a Mark.

"**Es hora de ir a la escuela, Marie**", dijo mamá. **"Prepárate para ir con papá"**.

Cuando Marie agarró su mochila y se dirigió a la puerta, se dio la vuelta y dijo: ***"¡Adiós, pequeño Mark! ¡Ya vuelvo!"***

El martes, Marie pensó que sería divertido enseñarle a su hermanito el abecedario. Obtuvo uno de los libros favoritos de Mark y se sentó a su lado. Mark se sentó tranquilamente en su sillita mientras Marie leía y le mostraba fotos. *"A de avión. B de bebé. ¡Y C de cocodrilo!"*

El miércoles, después de que Marie terminara su tarea, ella se rodó por el piso con Mark. Jugaron toda la noche, y el sonido de su risa sonó en toda la casa. Estaba tan emocionada de jugar con él, y le encantaba pellizcar sus pequeñas mejillas.

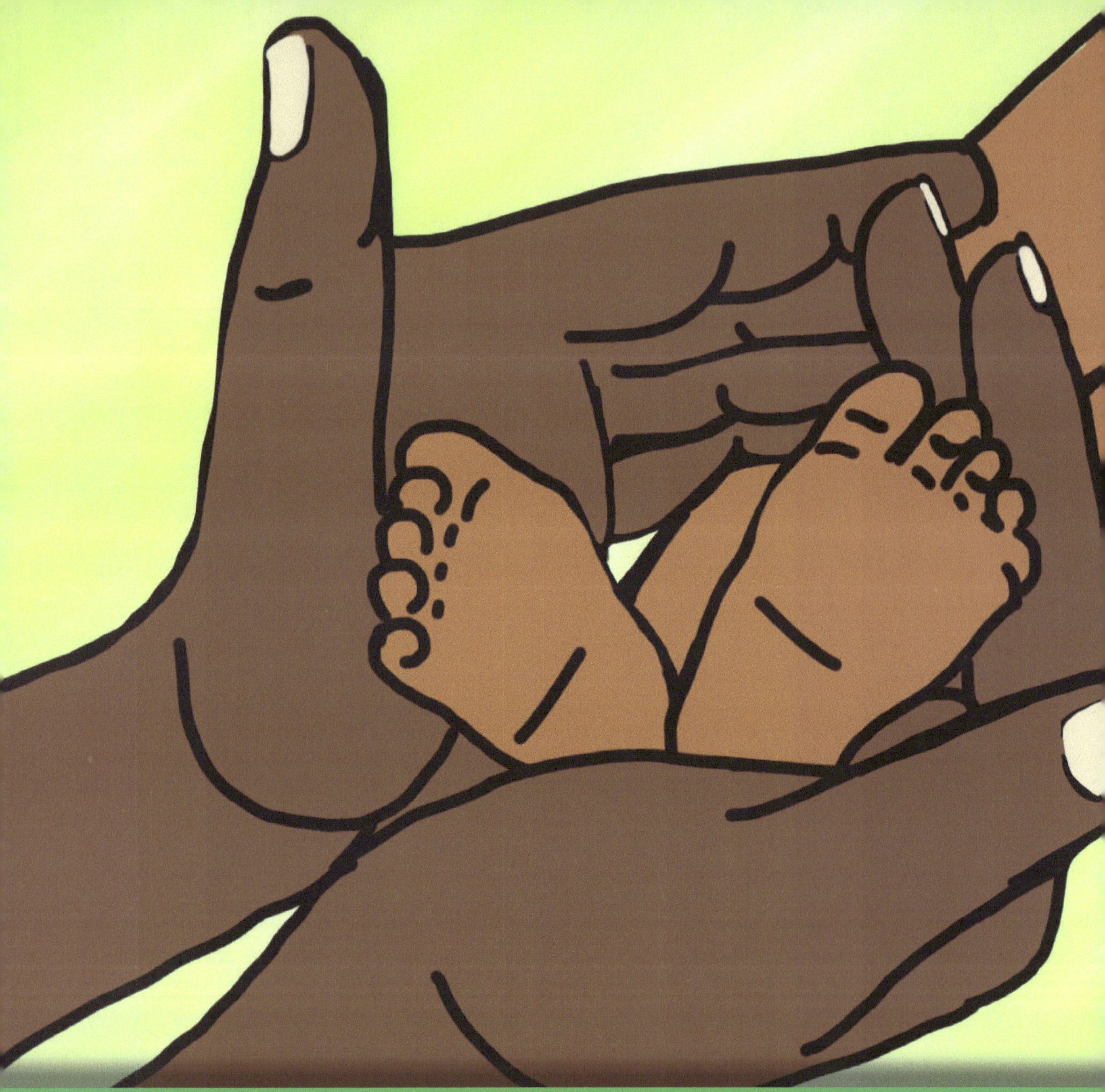

Mark se reía y se reía. Se estaba divirtiendo tanto que se cayó riéndose. *"¡No, no, no!"* chilló Marie. *"**¡No puedes alejarte de mí!**"* Ella agarró las piernas de Mark y comenzó a hacerle cosquillas en sus pequeños pies.

El jueves, Marie terminó de cenar y corrió hacia la habitación de Mark. *"Quiero abrazarlo, mami. ¿Puedo recogerlo?"*

"No en este momento", dijo mamá. *"Papá está por darle un baño y ponerlo a dormir"*.

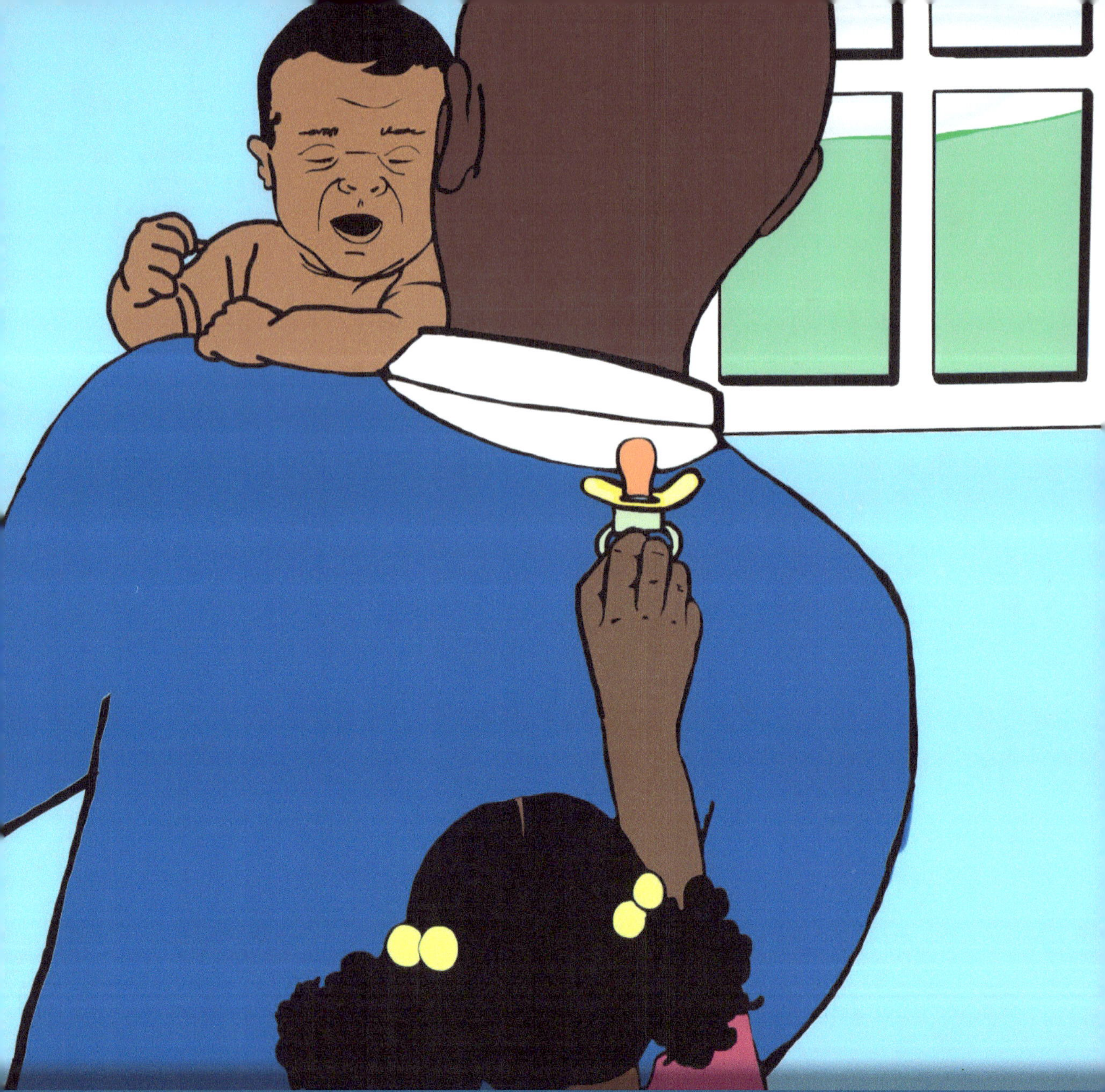

Cuando papá llevó a Mark al baño, el comenzó a llorar muy fuerte. *"No llores, hermanito"*, dijo Marie. *"Aquí, Papá. Ponle el chupón en su boca"*. Papá le puso el chupón en la boca y Mark dejó de llorar.

"Qué buen trabajo", dijo papá. "¡Gracias por ser tan buena ayudante!

El viernes, Marie se despertó temprano otra vez para ayudar a alimentar a Mark. Esta vez, Marie pudo alimentarlo con arroz sin ensuciarlo. *"¡Hurra!"* Marie felizmente le dijo a Mark. *"¡Comiste toda tu comida y no dejaste nada en mi vestido!"*

Esa noche, Marie quería enseñarle a Mark cómo hacer gimnasia. Ella corrió a la habitación de Mark gritando: *"¡Es hora de practicar!"*

"Mira, Mark", dijo ella. *"¡Levanta los brazos y salta!"* Mark se sentó en el piso y levantó los brazos.

 *"¡Que bien, Mark!"* Marie dijo. *"¡Buen trabajo, pequeño! ¡Fantástico!"*

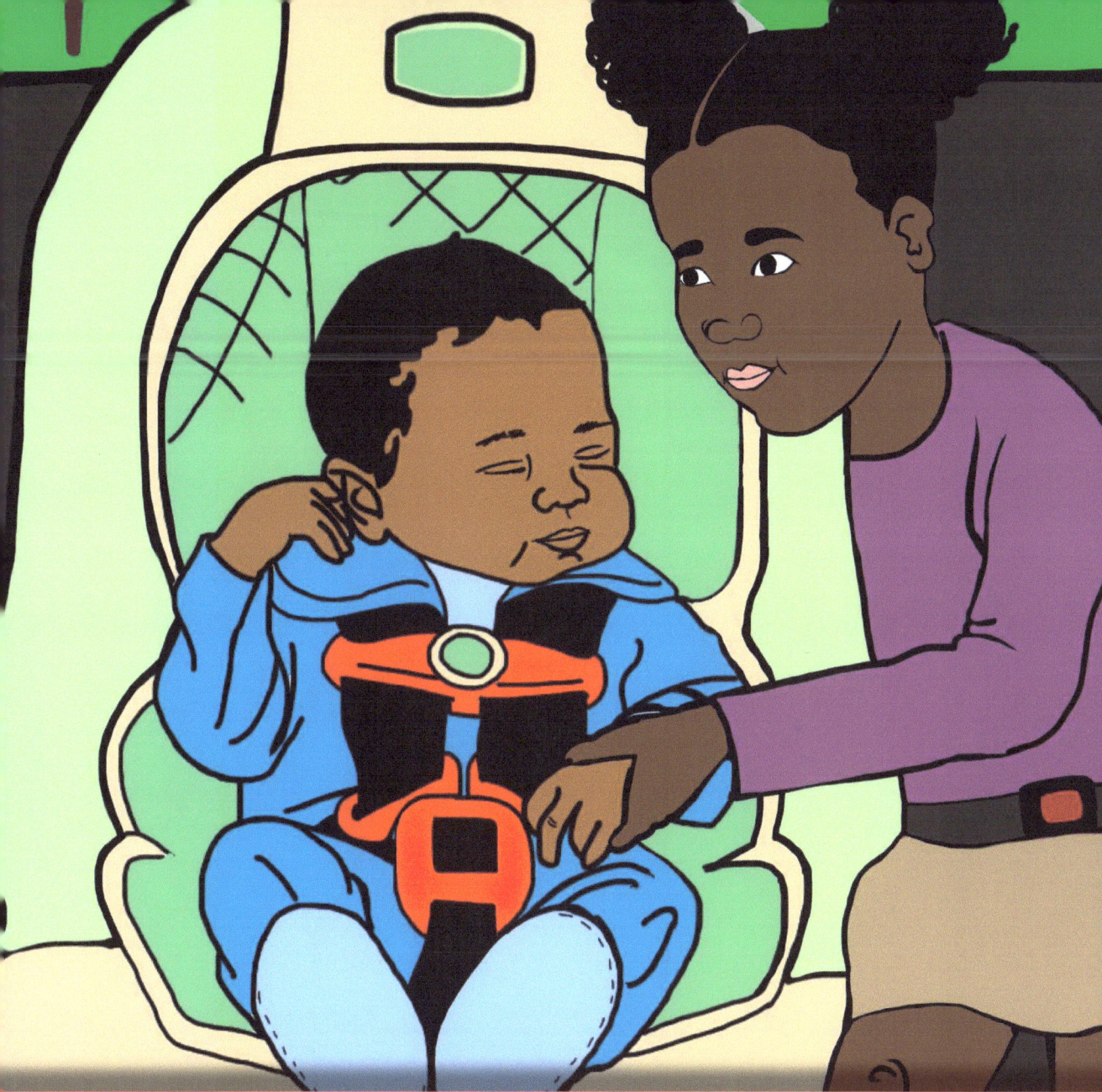

El sábado fue el último día de lo que pareció una semana corta. Marie había sido una buena ayudante durante toda la semana. Debido a que jugó, alimentó e intentó enseñarle a Mark cómo hablar, mamá la llevó a la tienda y la recompensó con algunas delicias saludables y sabrosas.

M ás tarde ese día, Mark tomó una siesta, por lo que Marie salió corriendo a jugar. Estaba llena de energía y corrió por la hierba. *"¡1, 2, 3!"* Marie dijo felizmente. *"¡Saltar, saltar, aplaudir, aplaudir!"*

Finalmente llegó el momento de que Marie y Mark se fueran a la cama. *"No, no, papá"*, suplicó Marie. *"Quiero quedarme despierta y jugar con Mark"*. Marie comenzó a llorar. Estaba triste porque tuvo que dejar de jugar con Mark, y comenzó a secarse las lágrimas de los ojos.

Marie caminó hacia la habitación de Mark y lo observó mientras él se dormía. Se quedó parada en la puerta e intentó con todas sus fuerzas no hacer nada de ruido.

Cuando Marie estaba en la cama, le resultaba difícil dormir. Ella siguió pensando en todas las cosas divertidas que había hecho con Mark durante toda la semana.

Ella recordó lo divertido que había sido estar acostada en el piso, ayudando a Mark con el tiempo boca abajo y enseñándole cómo contar hasta cuatro.

Ella recordó todas las veces que ella ayudó ponerlos a dormir, cubriéndolo y dándole un gran beso. Asegurándose de que su hermanito estuviera calientito y cómodo. Esto llenó el corazón de Marie de felicidad.

Marie también pensó en las muchas veces que fueron a dar agradables paseos al aire libre con Mamá y Papá, y cuando Mark soltó una risita cuando corrió en círculos alrededor de un árbol. Ella absolutamente adoraba a su hermanito y lo consideraba su mejor amigo. Su amor por él llegaba desde el piso hasta el sol y de vuelta otra vez.

A Marie le gustaba estar cerca de Mark todos los días. Le encantaba ayudar y pasar tiempo con él mientras jugaban.

Pensaba en él constantemente: mañana, tarde y noche. Ella sentía un vínculo muy especial con él y siempre estaba a su lado.

Amaba tanto a Mark que estar lejos de él la entristecía. Cada vez que estaban separados, ella nunca entendía completamente por qué no estaban juntos.

Era hora de que Marie cerrara los ojos y consiguiera un descanso muy necesario. Mañana iba traer otro día con Mark, y eso la hizo sentir muy agradecida y bendecida.

Marie fue la mejor hermana mayor ayudando a sus padres y jugando con Mark. Ella tenía una relación muy cercana con su hermano pequeño, y nada podía separarlos.

Marie a menudo le cantaba *"Jesús Me Ama"* antes de irse a la cama. Esperaba compartir ese amor con Mark a la mañana siguiente - el mismo amor que Jesús tenía por ella, Mark y sus mami y papi.

www.ingramcontent.com/pod-product-compliance
Lightning Source LLC
Chambersburg PA
CBHW042145290426
44110CB00002B/120